長く楽しく
生きるための
終活

古舘忠夫 著

セルバ出版

はじめに

近年、終活に関する書籍が多く出版されています。

これら終活本は、遺産相続に関する遺言書作成や財産分与など、死後の家族へ残す物の処遇に関する内容が中心となっています。

介護のことや相続のこと、葬儀や墓地の手配から、年金や保険のことなど、自身の死後に家族間でトラブルが起きないよう対策を講じることが終活の意義という認識が高まっている傾向にあります。

たしかにこれら家族へ残す物に対する考えも大切ですが、本当のところ、もっとも優先して考えなければいけない終活とは、死後の自分自身です。

死後は無形の世界であり、電波や電磁波や放射線同様に、人間の目には見えませんし、科学的に存在を証明されてはいません。

しかし死後の世界は現実に存在するのです。

死後のことを知らずに、死への漠然とした不安や恐怖を抱いたまま余生を送るか。

死後のことを知っておき、着々と準備を進め目標を持って愉快に幸せに余生を送るか。

死へと向かっていく日々をどのような気持ちで過ごすかで、私たちの生き方の質にも歴然とした差ができあがっていきます。

死後を知ることで今生きる意味や術を知り、のこりの命をより充実させていく。

これこそが真の終活だと思います。

その方法を伝えることが本書の目的になります。

本書は、視力の低下されたお年寄りの方でも労せず読めるよう、字を大きくして、文章量を圧縮しています。

したがって、全体的なボリュームそのものは少なく感じるでしょうが、その分1文1文に込められた情報に大きな価値があることをご理解ください。

中にはすぐに把握しきれない、受け入れがたい事実を目撃するかもしれません。

もしくは今のあなたには必要のない事柄が出てくることもあるかもしれません。

しかし、それら事実や事柄も、きっといつか、あなたが何かの障害や悩みに直面したとき、あるいは何かの気づきや発見や疑問と出会ったとき、正解への道しるべとなってくれることでしょう。

ぜひ定期的に本書を手に取り、参考にしていただき、より充実した楽しい終活の糧としてください。

神仏の世界に迷信はありません。真実だけが評価されます。

●本書のポイント

・死後のことを理解し、安心して余生を送る。
・知恵と安心を得ることで心身の長い健康を手にする。
・子孫たちや死後の自分のため、残りの人生を正しく生きる。
→これらこそが本当の終活である！

長く楽しく生きるための終活　目次

第3章　子孫の運命を変える終活

第4章　生と死を知る終活

第1章　魂を仕上げる終活

魂は永遠に存在する

真の終活を知るにあたって、「魂」という存在への正しい理解が必要となります。

まずはここから話を進めていきましょう。

「あなたに魂はありますか？」

そう問われたとき、あなたは確信を持って返答することができるでしょうか。

魂の存在を否定するということは、祖先から代々継がれてきた想いや、子どもたちへ伝えていく想い、お友達やご家族との絆や、職人魂や大和魂といった魂の一種たちの存在も否定したことになります。

さらに、魂は神仏から与えられたものなので、神仏の存在も否定したことにもなるのです。

もし問いかけに対して「魂など存在しない」というはっきりとした答えをお持ちでしたら、この時点で読むのを「リタイア」することをおすすめします。

なぜなら、これから存在を信じていないものたちの話をするので、読めば読むほど不快な気分になってしまうからです。

生あるものに魂ありきで、当然人間には魂が存在しています。

生が終わった後も、あなたの魂は永遠に存在しているのです。

死後の自分はお墓の中にいる、と思っている方もいらっしゃるでしょうが、お墓には骨しかありません。お墓は記念碑のようなもので、生きているご家族との思いが触れ合う場所と考えてよいでしょう。

死後の自分は魂だけとなり、ある場所に存在し続けます。

問題はその場所なのですが、これは死生観や宗教観によって少し違ってきます。

ただし根幹の部分は同じです。

一般的な言葉で広く知られるのは「天国」と「地獄」です。

死後の己の魂は、天国へ行くのか、はたまた地獄へ行くのか。魂の行き先を決めるのは、肉体を持っている現時点で確認することはできません。自分自身で決めることもできません。

生前は肉体とともに存在する魂は、死後どのようにして、天国と地獄のどちらへと向かうのでしょうか。

これから1つずつ順を追って説明しましょう。

●本項目のポイント

・死後も魂（自分）は永遠に存在していく。
・死後の魂の行先は天国か地獄。

生前の行いが魂の行き先を決める

結論から申し上げれば、魂が天国へ行くのか地獄へ行くのかは、生前の行為によって決まります。

「善行を積めば天国へ行ける。悪行ばかりなら地獄へ堕ちる」

誰もが耳にしたことのあるこの言葉は、正しく真実を語っているのです。

日ごろの行いが善か悪かを最終的に判断するのは神仏です。

あなたに内在する魂は神仏から与えられたものですから、この世に誕生して以来、神仏との関わり合いを切り離すことはできません。

宗教宗派人種に関係なく、人の魂は神仏と一体化していることになります。

私は、宗教への入信を強くすすめるようなことはしません。

しかし神仏の存在を強く強く意識していただきたいのです。

なぜなら、神仏の存在を意識することで、あなたを背後から守っている先祖の霊や神仏との交流が深まり、人としての正しい考え方や生き方を導いていただけ、人生の方向性を見出すことができるからです。

しかし、人の意識はまばらで、常に考えが変わり、一定ではありません。

神仏を意識した信仰心が深ければ天国へ続く正しい道を歩めますが、愚痴や恨みを意識すると途端に魔を呼び寄せ、地獄へと転げ落ちてしまいます。

瞬間の一念で、神仏の影響を受けるか、魔界の影響を受けるか変化してしまうのです。

そしてそのどちらに転ぶかは、あなたの意識次第、すなわち「自由」ということです！

この自由とは、修道の基本的意識であり、制御するのも自分自身、結果も自己責任という事実を意味しています。

神仏は善行を促進させるよう指導しますが、同時に悪行もできるという自由を人に与え、喜ばせ悩ませ葛藤させて進化させます。

自由というと、束縛がなく大空のような奔放さを想起させますが、実は恐ろしい世界と認識しておくべきでしょう。

自由な選択肢の中で、どのような思考を持って行動していくべきか。自己の内面において悩ませ葛藤させて、いかにして悪行的意識を排除させるかが人間としての修業であり、神仏からもたらされた「テスト」なのです。

そしてそれらテストを解くためのテキストが、お経であり、聖書であり、コーランです。

テキストは道徳的観念や人としての生き方、先祖への敬いを説き、神仏への服従を共通の念としています。

人生の中でどのような行いを選択するかは自由です。しかし、死後の魂の居住場所が天国であるか地獄であるかは、1つひとつの行いによって決まることを忘れてはいけません。

正しい終活、つまり魂を天国という安息の場所へ向かわせたいのであれば、生前は常に正しい行いをし、より確実に天国へ行けることを目標として活動していきましょう。

●本項目のポイント

・あなたのすべての行いを神仏は目撃している。
・あなたの行動は基本自由、よって正しいことも悪いこともできる。
・正しい行いを意識することで、確実に天国へ行くのが終活！
・善悪の回答はすでにあなたの心にあり、決定するだけ。

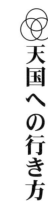

天国への行き方

天国や地獄というのは一体どういった場所なのでしょうか。

死んでみないことにははっきりとわからないことですし、教えによっても解釈は異なります。

ただし、共通していることもあります。

それは、天国に行けた魂は好きなように行き来できますが、地獄に行った魂の行動範囲はかなり限られているということです。

残されたご家族が墓参りに来てくれたとき、天国の魂は瞬間移動し気軽に会いに行けます。

対する地獄に行った魂が現世へ行けるのはお盆の時期のみ。

地獄の門が解放され、ご家族に会うことが許されるのはこのときだけなのです。

この点を考えただけでも、地獄よりも天国へ行くほうが幸せであると断言できます。

すでに申し上げたとおり、現世で善行を積むことで、天国行きの切符を手に入れるようにしましょう。

天界の組織において、人間が生きている間に行ったことの記録に狂いはありません。

前世も含めた今までの行いすべてが記録されています。

ズルは一切できないのです。

「地獄の沙汰も金次第」という言葉がありますが、これは人間界にのみ通用することであり、霊界ではまったく通用しません。

お金で天国に行けるケースはありません。

大金をはたいてできることといえば、大層な戒名と立派なお墓が建つ程度のことになります。

お経を唱えてもらっただけでは天国行きの切符は手に入りません。

悪行ばかり重ねてきた魂は全員地獄行きです。

それでは天国へ行ける人はどういう人かというと、生前に次のような行いを心がけた人です。

・世のため人のために尽くし貢献した人
・慈悲の心で多くの人たちを助けた人
・世界の平和を祈り、戦争反対運動を続けた人
・世のために力を出し、知恵を出し、献金した人
・自己の幸福を求めず衆生の平和を求める活動をした人
・人からの評価もなく黙々と徳（善行）を重ねた人

このような行いを継続してきた人は、天国に招かれる条件を満たしています。

しかしこのような疑問が生まれてくるでしょう。

「経済的な余裕がない、人を助けるほどの力や知恵がない、ボランティア活動するにも時間がないなど、自分の生活を維持するだけで精一杯の人は、天国に招かれることはないのだろうか」

そのようなことは決してありません。

肝心なことは不断の善行と心がけ、人として最低限守らなければならない道徳観念を持ち、生き方を選ぶことです。

常に善意を持った判断で、慈悲深く生活を送る人であれば、天国行きの切符を手にすることができます。

すでに他界された方でも、身内の方々の祈祷や行動次第で、天国への道をつなげることができます。

ただ、形だけの祈祷ではなく、心の底から祈ることが必要となるので、専門的な指導が必要となります。

過去の行いに過ちが多かった方でも、これまでの生き方を反省し懺悔して、道徳に違反のない行動を心がけ、自己の汚点を浄化することで天国行きを叶えることは可能です。

気持ちを改めると同時に、残りの人生を人助けのボランティア活動などへ捧げ、徳を積み重ねることに努めましょう。

金の亡者に徹し、貢献の心得もなく自分のためだけに行いを続けてきた人は、地獄行きがほぼ決定していて、天国行きの切符を手にすることは並大抵のことではありません。

前述のような改心を行ったとしても、それなりの犠牲は覚悟するべきでしょう。

理由としては、他人からの恨みの念を清めるだけの誠意を表す祈祷や行動は、神仏をも感動させるだけのクオリティが求められるからです。

最後に最も大事なことを申し上げましょう。

どのような生き方を経験されたにせよ、ここまで興味を持って読んでくださった方は、もともとは天界にいた神様です。

この地球に生きて堕落し、天国に戻れなくなってしまった魂たちを再び天国へ戻すため、天界から命を受けて下界に降臨した使者といえます。

ですから、諦めることなく、挫けることなく、悪に傾くことなく、徳を重ねるよう毎日心がけてください。

●本項目のポイント

・地獄へ行くと、魂の行動は制限され、現世に残された家族へ会いに行くのもお盆の時期だけになってしまう

・世のため人のための善行と心がけで、天国行きを決めよう。

・地獄行きがほぼ決定している人でも、心を入れ替え善行に励めば、天国行きの切符を手にできる。

霊界（天国と地獄）の先にある転世と輪廻

そもそもどうして、私たちは天国を目指すのでしょうか。

天国は苦しみのない素晴らしい世界という漠然としたイメージがあるかもしれません。

本当のところを申し上げますと霊界は、次の使命を与えられ生まれ変わるまでの待機所といえます。

魂は永続的につながります。

宿り先の肉体で善行を積むことで霊界へ行き、さらに次への肉体へと宿り、その肉体の生きる時代背景に基づいて善行を重ね、使命を達成して天国へと戻る。

これを繰り返します。

私たちはそれを輪廻とか転世と呼びます。

人間の魂は霊界から来たものであり、自然発生のものではありません。

神仏の代行者として、私たちは今ここに存在しているのです。

そして各人の魂には使命があり、その使命を達成できるまで、輪廻を繰り返すことになります。

より詳しく説明しましょう。

私たちの魂は、何百何千年も転世や輪廻を経て現在に至っています。

転世は神仏の役割を担った上での降臨であり、魂が真理を悟り「完成」するまでは、途中で放棄することも中止することもできません。

完成によってようやく輪廻が満了し、神仏となって天界へと向かうことができます。

現在の私たちは、肉体という制限された世界に留まり、真理を悟るまで輪廻を重ね、修道を続けなければなりません。

生まれ変わりは、自然界の法則である戒律真理を会得できるまで、延々と繰り返されるのです。

人間の死で無に帰すのは肉体だけであり、魂は次の輪廻へ向けての準備段階に入るため霊界へ向かいます。

しかし悪行を重ねてきた人は地獄へ向かい、最悪の輪廻を迎えてしまいます。

そうならないための、天国へ確実に向かうための最終仕上げを、終活で行いましょう。

死はあなたにとっての終わりではありません。

次への始まりなのです。

終活の多くは、残された家族たちを慮った活動が多いのですが、自分自身の魂のための活動にも重点を置くようにしましょう。

これが真の終活なのです。

●本項目のポイント

・霊界は神仏の使命を託され生まれ変わるまでの魂の待機場所ともいえる。
・魂は自ら希望し使命を背負って下界に降臨し、生まれ変わりを繰り返す。
・使命を達成し魂が完成することで、魂は完成し、天界へ迎えられる。

【コラム】私が体験した不可思議な真実

第1章を読み終えて、あなたは今どんな気持ちの中にあるでしょうか。昔話や伝説、おとぎ話を聞いている心境に近いかもしれません。神仏や天国地獄など、超常的で非科学的で不可思議な話が中心なので、半信半疑のまま読み進めているかもしれません。

しかし実際、世の中には不思議なことがいっぱいあります。今より昔に生きてきた人たちは、もっともっと不思議なことを抱えていました。

そして不思議なことたちを人類は科学の力で解明してきました。

ですから、今ある不思議たちも、いずれ科学の力で解明される日が来るかもしれないのです。

魂を観測する日が来るかもしれません。

神仏や幽霊の存在を証明できる日が来るかもしれません。

肉体を持ったまま天国や地獄へ観光できる日が来るかもしれません。

決してあり得ない話ではないのですから、疑いのない晴れやかな気分で、本当の終活を語る本書を最後までお読みください。

１つ、私の体験した不思議なことも話しておきましょう。

私は台湾に本部を置く「天帝教」と呼ばれる財団に入門しています。

人々の安心のため、世の安寧のため、常に祈祷と善行を忘れない教徒（天帝教では同奮と言います）の１人です。

そんな私ですが、入門する前は宗教や神仏をまったく信じない、少しやんちゃの過ぎた人間でした。

理工系の専門校を出たこともあり、見えない、聞こえない、触れない世界は完全に無視し、理論的な解釈ができていないものはことごとく否定して生きてきたのです。

そんな私が天帝教への入門を決めたのは50歳を過ぎた後のことです。

1月、正月気分の日本に飽きてきた私は刺激を求め、台湾の天帝教へ座禅をしに行きました。このときはまだ正式に入門しようとは一切思っていなかったですし、依然神仏のことは信じていない身でした。

座禅中、お師匠様に呼ばれました。

お師匠様は、天帝教のトップにおられる方ですから、そう簡単に交流できる方ではありません。

そんな方にまだ日本から来て間もない私が呼ばれたのですから、緊張と動揺を隠しきれないまま、恐る恐るお師匠様の元へ近づいたのを今でも覚えています。

そして私は、お師匠様からのお言葉（実際には中国語なので通訳の方を介しています）に衝撃受けることになるのです。

まず、お師匠様は私が経営している会社の内装をぴしゃりと当て、2階に茶室として利用している小部屋を示しました。

そしてその部屋を座禅や祈祷をする部屋にしなさいと私に提案したのです。

その場にいる人はおろか、日本にいる身近な人さえ、私の社内の様子をここまで詳しく知っている人はいません。

まして、2階の一室を茶室にしているのを知っている人は一握りです。

お師匠様からのお言葉を受けた直後、弟子の方に尋ねました。

「お師匠様はどうして私のオフィスのことを事細かにご存知なのですか」

すると弟子の方はこう答えました。

「ここに来たとき、お師匠様に看護童子を付けてもらっただろう」

看護童子とは神様の一種で、付いた人を守ったり観察したりする役目を担っています。

たしかにここへ来た当初、お師匠様に看護童子を付けていただきました。

ただそのときは半信半疑というか、まったくそういったことを信じていない人間だったので、単なる儀式程度にしか考えていませんでした。

「その看護童子から、報告を受けているから何でも知っているんだよ」

弟子の方の解説に私は呆然とするばかりでした。

私のすぐ横に神様がいて、その神を介してお師匠様は私に関するさまざまな報告を受けている。

その事実は、簡単には受け入れられるものではありませんでした。

目に見えるものしか信じない理系人間の私は、この出来事が何かのトリックではないかと考えました。

私がここへ来たとき、私に関する情報をどこかから得て、それをさも神を経由して得たかのように、披露したのではないか。

しかし、それはそれで無理のある話でした。日本からはるばるやって来た私の情報を、たやすく得られるわけもないはずです。

理解しがたい不思議な出来事の後も、私は座禅に取り組み続けました。

当時タバコを吸っていた私は、ある晩、一緒に座禅を組みに来た友達と一服しに外へ出ました。

「何だかすごいところへ来ちゃったねえ」

友達も同様に不思議な体験をしていたので、お互い正直な気持ちを告白し合いました。

「しかし修道はいろいろ項目があってよくわからんね」

「でも勉強するだけしていこうじゃないか」

そんな会話を日本語で交わしたと思います。

ここに来たことでたくさん得るものがあったのは事実ですが、その反面どっぷりとのめり込めない、どうしても信じきれない心がありました。

その翌日、いつものようにお師匠様の元に集まり教えを受ける座が開かれたときのこと。

開口一番、お師匠様は言いました。

「私たちが行っていることについて疑問を持っている生徒がいる」

まさしく昨晩に疑問を打ち明け合った私と友達のことでした。

「彼らの持つ疑問について、これから問答方式で回答する」

すべてお見通しだったのです。私たちは日本語でしたから、聞き耳を立てられていたとしても理解できるはずがありません。

私たちに付いている神様を通じてお師匠様は知っていたのです。

もはや疑いの余地はありませんでした。

あまりにも不思議すぎて受け入れるのに時間がかかりましたが、このときを境に、私はさらに座禅と祈祷に力を入れるようになりました。

これまでしてきたやんちゃも一切やらなくなり、これからの残りの人生を世のため人のために尽くすと決めたのです。

私のすぐそばで神様はお見通し。

それを知ってしまったら、悪いことなどできません。

第1章では魂や輪廻の話をしました。

魂は輪廻を通じて永続的につながっていきます。

しかしその「中間」のことはわかりません。

何年区切りで次の肉体へ移っていくのか。

その間に何が起こるのか。

次の行き先は人間になるのか、人間以外になるのか。

そしてそれらはどうやって決まるのか。

輪廻の話は物語上にはあっても、実情は未踏の科学になります。

しかし、冒頭でも申し上げましたが、いつの時代にか解明される日が来るかもしれません。お師匠様と神様の会話も、いつかメカニズムが解析されてもおかしくないでしょう。

ぜひそのことは頭の中に置いておいてほしいのです。

そして、今あなたがするべきことは何かを、ゆっくり考えてほしいのです。

終活は、財産の整理や遺言の作成だけではありません。

人生という一個体の側面だけでなく、前世や後世、先祖や子孫など、立体的に考えていく時間を設ける終活の1つだと思います。

第2章以降はそういった点についても話していきます。

どうぞ最後までお付き合いください。

第2章　長生きのための終活

否定的な気持ちは寿命を縮める

ここからは天国に行くための方法を具体的に考えていきましょう。第1章にあるとおり、善行を重ねることで魂は天国へ行ける切符を得られます。

ボランティアや寄付といった貢献活動だけでなく、小さな善行や心がけを継続させるだけでも、私たちは天国へ行くことができます。

そしてその第一歩として心がけたいのが、否定的な気持ちを抱かず、いつも穏やかな気持ちで日々を過ごすことです。

不安であればあるほど、人はどんどん卑屈になり、周りへの嫉妬心を強め、自分で自分を苦しめる楽しくない人生へと堕ちていきます。

よく「あんなにいい人がなぜ」と、普段ニコニコしている人に限って早死にすると嘆かれます。

実は、このような「いい人」は、内心では不安や不満や恨みなどの否定的な気持ちを溜め込み生きてきたのかもしれません。こういった長くマイナスの観念を抱き続けることは病気になりやすく、寿命も早く尽きる傾向にあります。

もちろん笑う門には福来たるといいますし、たしかに人前で笑顔でいることは健康にいいことです。しかしその裏で、煮えたぎるような怒りや不満といった否定的な気持ちを抱いていたら、自分自身をひたすら痛めつけているのと同等なのです。

恨みの気持ちほど、体に悪影響を及ぼすマイナスなエネルギーはありません。思うことは勝手ですが、思いには念が生じ、念には細胞に影響を与えるほどのエネルギーが含まれていることを忘れてはいけません。

そのエネルギーは地球の裏側まで届くともいわれています。

自分に負の影響を与えるエネルギーをいかに取り除くか。

これはつまり、自分の中にある否定的な気持ちを、いかに早く消し去るかと同じ意味です。

嫉妬や恨みや不安といった気持ちは誰でも抱くものです。

そこで、マイナスな気分に浸る一方で、これらをすぐにどこかへ吹き飛ばしてしまうだけのポジティブな意識も強く抱きましょう。

これによって心に余裕ができて、周りにより優しく接することができますし、祈りや貢献活動を実戦する機会も自然と増えていくはずです。

善行を積むのであれば、まずは自身の心の浄化からということです。

●本項目のポイント

・不安や不満や恨みなどの否定的な気持ちは、自身の寿命を縮めてしまう。
・否定的な気持ちを取り除けば健康が持続し、善行に励む気力もわく。

身近なものたちへ温かい想いを

「否定的な気持ちが寿命を縮める」

「恨みや嫉妬の念が体に悪影響を与える」

このようなことを申し上げてきましたが、その根拠となる話をここではしていきましょう。

たとえば、次のような実験が実際に行われたそうです。水を満たしたコップを２つ用意します。

そして、片方の水には「ありがとう」「好きです」といった感謝や好意の気持ちを込めたポジティブな言葉をかけ、もう片方の水には「バカ」「死ね」といった罵倒のネガティブな言葉をかけます。

その後、両者の水を凍らせ、構造を顕微鏡で確認したところ、驚くべき結果が得られたというのです。

ポジティブな言葉をかけたほうの氷の結晶は綺麗に整っていたのです。方や、ネガティブな言葉をかけたほうは、いびつに形が崩れていました。

このような報告は多方面からあがっています。

ポジティブな念であれば向かった先によい影響を与えますし、ネガティブな念であれば悪い影響を与えることを物語っているわけです。

水という物質に影響を与えるのですから、生き物にも影響があるのは当然です。しかも人体の60％以上は水分といわれていますから、念による影響力は絶大といえるのではないでしょうか。

1人の人間に対して、「バカ」「死ね」と恨みの言葉を浴びせ続けたら、相手はどうなるでしょうか。

精神的に追い込まれることはもちろんのこと、体をつくっている細胞に含まれる水分たちの形まで崩れてしまい、機能を失い、満足なパフォーマンスを出せることなく、朽ちる速度を速めてしまうでしょう。

さらに念は遠く離れている場所へも届かせることができます。相手が目の前にいなくても、念を唱え続けることで、大なり小なり相手の健康をコントロールすることができるのです。

これが俗にいう「呪い」の一種ということになるでしょう。ポジティブな念によってつくられるよい影響は、気功やヨガに応用されています。

もっと身近なものでは、傷口に手を当てて唱える「痛いの痛いの飛んでいけ」があります。

常に叱られ続けている人は心身を病みやすく、いつも褒められたり優しくされている人は心穏やかで長く健康でいられます。

これは自分自身に対しても同じです。

「自分はなんてバカなんだ」

「自分なんて死んでしまえばいい」

そんなネガティブな考えばかりしていたら短い人生を辿るでしょう。

心で「いつもありがとう」という感謝の気持ちを自分に唱えるだけでも、有効な健康法になります。

ですから、感謝や愛情の温かい想いを常に抱いていく生活を、これからも続けていきましょう。

人に対してだけでなく、他のあらゆるモノへも感謝の気持ちは忘れないでおきましょう。

食べものや水、住んでいる場所や家族、大切にしている道具たちにも、「ありがとう」の念を適度に向けましょう。

たったそれだけで、モノは長生き長持ちしていくものです。

これらの心がけは体の中のマイナスのエネルギーを取り除き、プラスで健康に満ちた体をつくり上げていきます。

おまけに善行にも通じますから、天国行きの切符も手に入りやすくなるのです。

●本項目のポイント――――

・「ありがとう」の気持ちを自分や他者に心がけると、みんな長生きできる。
・自然と善行も積め、天国へ行ける可能性が高まる。
・水の不思議な世界は事実です。水の力をもっと意識しましょう。
・思いには念があり、念にはエネルギーがあることを知ろう。善の念は自己を救い、悪念は自らを劣化させる。
・相手の善意を感じたら素直に受けるが、迷ったときには家族や知人に相談することも必要となる。
・物事を静観すると、外部の善悪を見通す感性も養われる。

命のロウソクをのばす健康法

言葉や念が大切であることの根拠をもう1つ、さらに明快なものを提示しましょう。

私たちの細胞の染色体の端っこに、「テロメア」と呼ばれる構造体が存在します。

このテロメア、人間の健康を大きく左右し、健康寿命に大きく関わっているといわれていて、近年一層の注目を集め、研究も盛んに行われています。

NHK「クローズアップ現代」でも取り上げられるほど話題となっている、新しい健康施策の1つなのです。

テロメアは細胞分裂の度に短くなっていきます。

したがって、年齢を重ねるとともにテロメアはその長さを縮めていくのです。

この仕組みを利用することで、テロメアの長さを分析すれば、その人の健康寿命がわかるということになります。

たとえば同じ40歳の人でも、テロメアが極端に短く80歳相当と診断される人もいれば、テロメアが長く20歳や30歳代と診断される人もいます。

昔話や落語などで命のロウソクというものが出てきます。

1人ひとりの命の量を測ったものが命のロウソクで、これのロウが尽き火が消えてしまうと、その人の命も終わりであるといわれています。ロウの減る速度は人それぞれであり、短命の人もいれば長寿の人もいるわけです。

まさにテロメアこそが、命のロウソクといえるでしょう。

さて、近年加速した研究によって、テロメアは短くなるばかりではないということが判明しました。

命のロウソクは伸びるのです！

テロメアは、生活習慣の改善によって、短くなる速度を落とすばかりか、成長させることが可能であることがわかってきました。

食生活、運動、睡眠時間、人とのつながりによって、テロメアを長くすることができます。

これは人類にとって偉大な発見といえるでしょう。

さらに、テロメアの消耗に大きく影響を与えるものも判明しました。

それは精神的なストレスです。

悩みや不安を抱えたり、怒りや嫉妬を持って生きている人は、テロメアの消耗が激しいのです。

ですから、ここまで述べてきたとおり、否定的な気持ちを消し去り、精神的な負荷の少ない楽しく幸せな毎日を送っていくことが大切になります。

これがテロメアの消耗を抑え、健康寿命をのばすことにつながります。心を平穏にし、日ごろたまりがちな精神的なストレスを軽減させテロメアを伸ばす方法として、科学的にも推奨されているのが、ヨガや瞑想や座禅です。

昨今のヨガブームは目を見張るものがありますし、マインドフルネスなど精神的ストレス軽減の一環として、瞑想を取り入れ始める企業も増えています。

古くから伝わる座禅は、健康維持を促してくれると何千年もの太古からいわれていましたが、証明する手段がなく現在へと至っていました。テロメアの研究をきっかけに、長生きの秘訣になるという期待が持ち上がったことは、私も含め続けてきた方には朗報といえるでしょう。

ヨガや瞑想や座禅といった、精神を安らかにする時間を、ぜひ設けてください。

そして各人に合ったものを見つけ、習慣づけて長生きの糧を得てください。

単純に深呼吸して心を落ち着ける時間をちょっと設けるだけでも、テロメアに良い影響を与えるといわれます。

忙しい方でも十分実践可能ですから、意識してみてください。

●本項目のポイント

・テロメアが長いほどその人の寿命は長い。
・テロメアは精神的ストレスによって消耗スピードが高まり、命を削ってしまう。
・ヨガや瞑想や座禅、深呼吸でも、精神的ストレスは軽減できる。

座禅とテロメア

座禅時の極意３呪文を唱え邪魔から隔離された環境を確保し、無我の境地をさまよう。この座禅法は長寿の要であるテロメアの成長に効果大である。

ノーベル賞生物学者・ブラックバーン博士らによるテロメア研究

テロメアとは染色体の末端にある構造で、細胞分裂を重ねるごとに消耗し短くなる。同時に寿命も短くなる。しかし、座禅やヨガによってテロメアの消耗を防ぎ、場合によってはテロメアを成長させ若返ることができる。

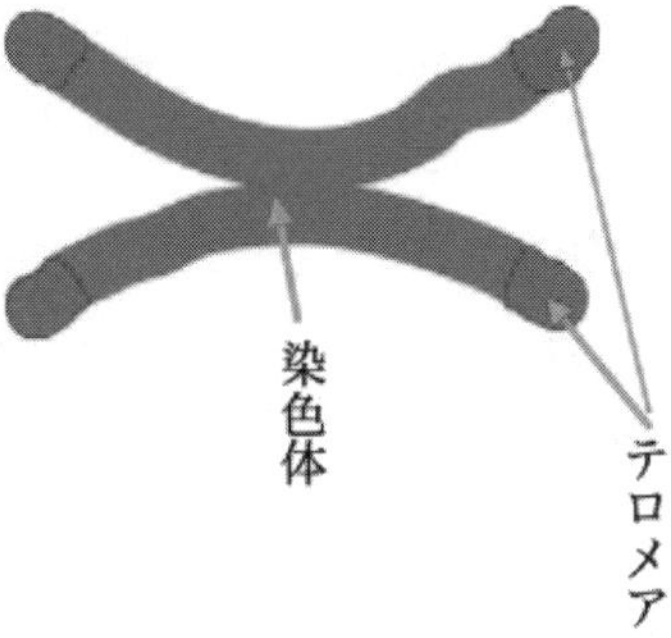

詳細については、
https://www.nhk.or.jp/gendai/
articles/3974/
「生命の不思議 〝テロメア〟 健康寿命は
伸ばせる！」
『NHKクローズアップ現代』を参照

【コラム】健康になる20の言葉、寿命を縮める20の言葉

言葉には念があり、念にはエネルギーがあります。

プラスのエネルギーであれば心身を強く健康にし、マイナスのエネルギーであれば寿命を縮めるほどの悪影響を及ぼすことでしょう。

心の中で念ずる言葉や、身近な人に向けて発する言葉は、プラスのエネルギーを持つものであるべきです。

これが私たちを健康にし長生きさせてくれる簡単で画期的な方法となります。

さて、実際にどのような言葉を唱えればいいのか。

心身を健康にして長生きになれる代表的な20の文字を紹介するとともに、意味や連想される言葉を並べていきましょう。

1『忠』：忠実、忠孝。正直であり無私、良心を持ち、天地国家友など

に対し誠実である。

2『恕』：寛恕。思いやり、度量が広い、許す心。他人の心情を慮った行動ができる。

3『廉』：清廉。潔い、無欲。倹約を基本とする。

4『明』：明快、明白。見通す力、理に通じた聡明な心。酒、色、財などの欲を排する。

5『徳』：仁徳。善良な品行、正直な行為。

6『正』：正心。邪気のない姿勢。

7『義』：義理、仁義。成すべきことを成す強い心。

8『信』：信念、信条。相手を信じ敬う気持ち。

9『忍』：忍耐。忍ができない、足りない者は、失敗を喫する。

10『公』：公平、公明。人と私を分けず、私の念を存在させず、剛正にして偏り無く、天下を公のものとする。

11『博』：博識、博学、博愛。物事をひろくたくさん知っている。
12『孝』：孝行。自分ではなく他者のために尽くす。
13『仁』：仁愛、仁徳、仁義。万物を愛する心。
14『慈』：慈悲、慈愛。笑顔の柔らかい表情を持って人と接する。
15『覚』：覚悟、覚醒。善悪を弁別でき、善に従い悪を遠ざける。
16『節』：節度、節約、節制。制限して過度に成らない意識。
17『倹』：倹約。生活が質素で、欲を抑え、足るを知り今の幸せを噛みしめる。
18『真』：真実、純真。自然で本来の姿、人に虚偽を見せない。
19『礼』：礼儀、礼節、礼拝。謙虚な姿勢で、万物を敬い愛する心。
20『和』：調和、和合、温和。論争のない和やかな空間を生み出す。

すべてを暗記し唱え続けるのはたいへんなことだと思います。
そこでこれら20文字の中から、自分の得意とする文字、あるいは足りないと自覚している文字や改善させたい文字を2文字選び、終生の目標とすると同時に、反省懺悔の基準としましょう。

たとえば、得意としている「倹」の心をより強めるとともに、自分に足りないと感じている「公」も同時に念頭に置き人と接することを人生の目標とします。

この実践によって、自身から邪気を払い、災いを消し、自らの魂をより磨くことができます。

したがって、20の言葉のいくつかを励行することにより、常に神仏の恩恵を受け続けることができるのです。

「病は気から」という有名な言葉がありますが、心の中にどのような言葉を刻み込み生きていくかで、その人の幸不幸に大きな差ができることでしょう。

それでは逆に、寿命を縮めてしまうマイナスの言葉たちはどのようなものか。

こちらも代表的な20の文字を並べるとともに、連想される言葉をいくつか紹介しましょう。

まさしく病原、不幸の原料となる言葉たちです。

1『奸』：奸智・奸才。ずるい、狡猾。

2『詐』：詐欺・詐称。だます。

3『貧』：貧しい。貪る。

4『汚』：汚染、汚職。

5『酷』：過酷。暴虐、混乱。

6『偏』：偏愛、偏見、偏執。不正。

7『悖（はん）』：狂悖、悖反。そむく、道理に外れる。

8『乱』：騒乱、禍乱。調和のない状態。

9『殄（てん）』：殄滅。絶滅、放漫。

10『私』：私心。利己、秘密。
11『暴』：凶暴、暴虐。残酷、消耗。
12『逆』：反逆。違背、不服従。
13『幽』幽暗。冷淡、愁い、盗み。
14『厲（れい）』：災厲。わざわい、憤怒、傷害、不満。
15『痴』：愚痴。執愛、情欲。
16『吝（りん）』：吝嗇。惜しみ、器量が浅く狭い。
17『濫』：濫用。濫獲、奢り。
18『偽』：虚偽。うそ、狡飾。
19『侮』：侮辱、侮蔑。軽視。
20『慢』：傲慢、緩慢。怠惰。

言葉の意味をよく考えて、自身の中でこれらマイナスな言葉を持ち続けて日々を生きていないか確認してみてください。

たとえば「私」という言葉、私心に走ってしまうのは誰にでもあることです。

大切なことは、自分が間違っているほうを向いていることに気づき、正す姿勢を持つことです。

気づかず私心に走り続けたら、いずれ自身の貪欲さや不正が暴かれ、罰せられ、後世にも悪影響を及ぼすほどの悲惨な結果を招いてしまうことでしょう。

もちろん、天界へと向かう道も閉ざされてしまうことになります。

心の中にこれら邪な言葉を抱えてしまったり、誰かに向けて発してしまったとき、逐一思い出し自身を律していくことが、魂を仕上げる訓練となります。

マイナスの言葉は、人生の中ではときに必要となり、避けては通れないときもあるかもしれませんが、心の芯に置くことは絶対に避けましょう。

健康になる20の言葉にしろ、寿命を縮める20の言葉にしろ、これらは自分の意識がどの位置に存在するのかを点検する「目安」に過ぎません。

確かな思想的観念を持ち、筋の通った人生を歩めているかどうかを確認するためのものになります。

あらゆる宗教宗派で、人として生きるために必ず守らなければならない教えを集約した事物があります。

これら道徳的思想を全世界の人が会得し共有できていれば、争いが生まれることはないでしょう。

今も争いが起きてしまうのは、道徳的思想を持っていながら、誤った方向へ進む人が後を絶たないからです。

彼らは大きな罪を背負いながら生きていくことになります。

唯一浄化する方法は、次章で紹介する「反省懺悔」しかありません。

しかしその具体的な方法を実践するには、基準となる教えが必要となります。

一般的に「悪いこと」であっても、本人が「善いこと」と認識していれば、悔い改めることはまず考えられません。

認識の違いを修正するには、長い時間が必要となってしまいます。

ですから、そのような結果を招いてしまう前に、ここで紹介した言葉たちを持って、自身が間違いなく「善いこと」を実践できているかを見直すことが大切となります。

悪さを積み重ねてから罪の重さに気づくのではなく、定期的な点検によって自身の位置を確認し調整することで、人生を大きく踏み外すことは避けられます。

健康になる20の文字には神仏が存在し、いわば天界の呪文となり自身を守る心強い盾となってくれます。

この点を熟知した上で、紹介した言葉たちの扱いには十分注意を払ってください。

・この20文字には曲がついています。この曲は天界からの伝承と言われ、聴いていると心が和み精神的安息が得られると言われています。

・現に病室などにこの曲を流していると、患者はゆったりとした安らぎが得られ、病弱の方々に提供されています。

・気功施療時の施療者は、この曲を心で歌いながら施療し、患者をリラックスさせます。施療者も雑念を排除させることができ、患者に意識を集中することができます。。

・気功の施療は天医との合同作業であり、私心を持つことを禁じていますから20文字の暗唱は非常に大切です。私心を抱き利欲を心に思い浮かんだ時点で気功能力は遮断され、患者の回復には役立つことはないと言われています。

第3章　子孫の運命を変える終活

DNAに書かれた意思決定と行動

ここまでは、天国や長生きについてなど、私たちの残りの人生を充足させるための方法について重点的に話しました。

ここからは視野を広げ、家族単位もしくは人類単位で考える終活を紹介していきましょう。

残される子孫の幸せに関する終活です。

多少理解しにくい部分もあるでしょうが、繰り返し読むことで脳と体に馴染ませ、新しい終活の1つとして日常に取り入れてください。

まず、人の意思決定や行動についてです。何を考え、どう行動するかは、人それぞれの生き方や価値観によって決まってきます。

しかし、その大元をたどっていけば、必ずDNAに行き着くものです。

私たちの意思決定や行動、その基礎根源はＤＮＡに書き込まれているのです。

前章まで申し上げたとおり、人間の発する念はエネルギーとなって、自分あるいは他者の体の奥深くへ染み込み、無数にある細胞たちへ影響を与えます。

よって、あなたの出す念によって、配偶者や子どもなど身近な人のＤＮＡ構造にも変化を来たすことがあるわけで、長期間でとらえれば、さらに下の代へも影響を与えることになります。

そして、その変じたＤＮＡに基づいて、彼らは考え、行動を決めます。人間は世代交代の間隔が長く、かつＤＮＡ構造も複雑なため、たいへんスケールが大きくわかりにくい話になってしまうのですが、虫でたとえるとわかりやすいでしょう。

虫は誰かに教わったわけでもないのに、餌の取り方や巣のつくり方、飛び方や土の掘り方などを知っています。

では、どのようにして彼らは生きるための方法を学んだのかといえば、それは生まれつきＤＮＡに書き込まれているからに違いありません。

加えて、気候や地形など周りの環境変化に応じて、代を重ねるごと生態を柔軟に変えていきます。

これを大きな時流でとらえたものが進化です。

虫は、刻一刻と変わっていく環境に対し、適切な方法で生き残るため、念（虫の場合は念と呼ぶべきか難しいところですが）によって自分もしくは子どもたちのＤＮＡ構造を少しずつ書き換え、次の代へバトンタッチする際、より変化に対応した個体を生み出すことに成功しています。

このようなことが、人間でも起こっているのです。

しかし人間は虫とは違い、たいへん複雑な世界に生きているため、保身や生き残りのためだけでなく、困ったことに、恨みや憎しみといった、他の動物たちから見れば不自然なマイナス一辺倒の念も発します。

その念がＤＮＡに悪い影響を与えると、細胞を劣化させます。結果、誤った意思に基づいて行動を選んでしまい、代を経るごとに退化を促してしまう可能性もあるのです。

人間は感情を持つ生き物です。

喜びや感謝の念を秘めるか、憎しみや不安の念を抱いて生きるかで、次の代へ受け継がれていくものが変わっていくことになります。

もしマイナスのエネルギーばかりを子孫へ背負わせれば、その子孫は病気や災難に苦しみ、寿命を大きく縮めてしまうことも考え得るのです。

この現象を昔の人々は「ご先祖様の祟り」と呼んでいました。

私たちはこれまで脈々と継がれてきた親たちの子孫であり、次の子や孫たちへ継いでいくための先祖です。

先祖が代々上書きしてきた新しいＤＮＡを、子孫へ正しく継いでいくという任務を忘れてはいけません。

今、マイナスな念ばかりを持って生き、子孫に継ぐDNAをマイナス方向へ書き換える行動をしているなら、それは即刻止めるべきです。その意思決定と行動は、あなたの由緒正しき家系を、先細りさせる要因になってしまいます。

その上、善行とは真反対のことをしているわけですから、自身も地獄行きを迫られるかもしれません。

いいことは1つもないので、絶対に避けるべき行為なのです。

●本項目のポイント

・人の発する念は、身近な人のDNAさえ書き換える力を有している。
・DNAに悪い影響を与えると、子孫が苦しめられる可能性もある。
・喜びや感謝の念を発し続けて、子孫の運命をより明るいものにしよう。

受け継がれる善と悪

意思決定や行動の大元は先祖から脈々と受け継がれ、さらに自分の代での意思決定や行動の理念が子孫たちへと継がれていく。

これを前提として、さらに話を深めていきましょう。

この話題で何を申し上げたいかというと、先祖が善いことを行っていれば、自分にも善い出来事が訪れるでしょうし、先祖が悪いことばかりしていれば、自分にも不幸が降り注いでくるという可能性があります。

もし先祖から受け継がれたものが負の遺産であり、不幸に直面し続けていたとしても、不貞腐れてばかりいてはいけません。

自分までもが悪いほうへと走っていくのはもってのほかです

天国への切符を手に入れるためにも、最後まで善行を重ねることは常に念頭に置きましょう。そして負の遺産を自分の代で切り上げ、下の代には正の財産だけを残すよう心がけるべきです。

また逆に、先祖から受け継いだものが善いものばかりであったとしても、ぬるま湯に浸かった自堕落な生活を送ってしまってはいけません。

自分の代でゼロに戻すか、最悪だとマイナスになって次の代へバトンを渡すことになってしまうからです。ゼロやマイナスのまま下へ継がせると、子孫にハンディーを与えることになり、ＤＮＡの成長や進化は停滞する可能性があります。これを避けるためにも、いかなる人生が待ち受けていたとしても、善行を積む決意を持ちましょう。

人の生き方考え方によって、次代へ継承されるＤＮＡのレベルは常に上下します。この遺伝子レベルで与えられたルールから逸脱する術は皆無です。

現代の人々は、何千何万年という歴史の折り重ねの頂点に位置し、先祖のＤＮＡをすべて記録した、まさに神がかり的な能力の存在です。

私たち生きとし生けるものは、将来の可能性を十分に秘めた人間であることを自覚しましょう。

そして今後の自分をどのように生きるかの方向性を確立し、迷いのない人生を歩むことが大切です。

現代の風潮として、「今さえよければそれでいい」という短絡的な生き方を選ぶ人も少なくありません。

これはあまりにも杜撰な人生プランです。

「真面目に生きても損するだけ」

「善いことをしようが悪いことをしようが、不幸は誰にでもやって来る」

そういう意見を目や耳にしますが、これらは本心からのものではなく表面的表現と受け止めるべきです。

もしも生死を左右するような不幸が訪れたとき、そこから脱するための決め手となるのは、先祖から継いできたＤＮＡという記憶貯蔵庫です。いかなる困難に直面しても、極限に達したときに先祖の知恵が復活し、克服できるだけの能力を発揮し、現状を打破し改善できるのです。

これは善いことを行ってきた人だけが経験できる特権であり、堕落の人生を送ってきた人は、そのような機会に恵まれず、残念ながら不幸を丸呑みするしかありません。

ＤＮＡは常に成長し進化を求めていることや自分の体でありながら別の世界が共存していることを知り、日々を送ることが大切になります。

●本項目のポイント

・自分の生き方が、子孫の幸不幸を左右する。
・下の代が大きな困難に直面しても克服できるよう、やはり善行を積んでいきたい。

人は見えない世界の影響を受け成長しているが、本人が知らないことにより悩み苦しむ。

このシステムの範囲中で、見える物だけを重視し見えない世界を無視したとしたら、誤った人生を送ることに繋がる。人間の精神内には仏心があり、神社仏閣を意識するのも当然で、すべての人は神仏の卵と言える。したがって見える世界で修練し天界に上ることを目標とする。

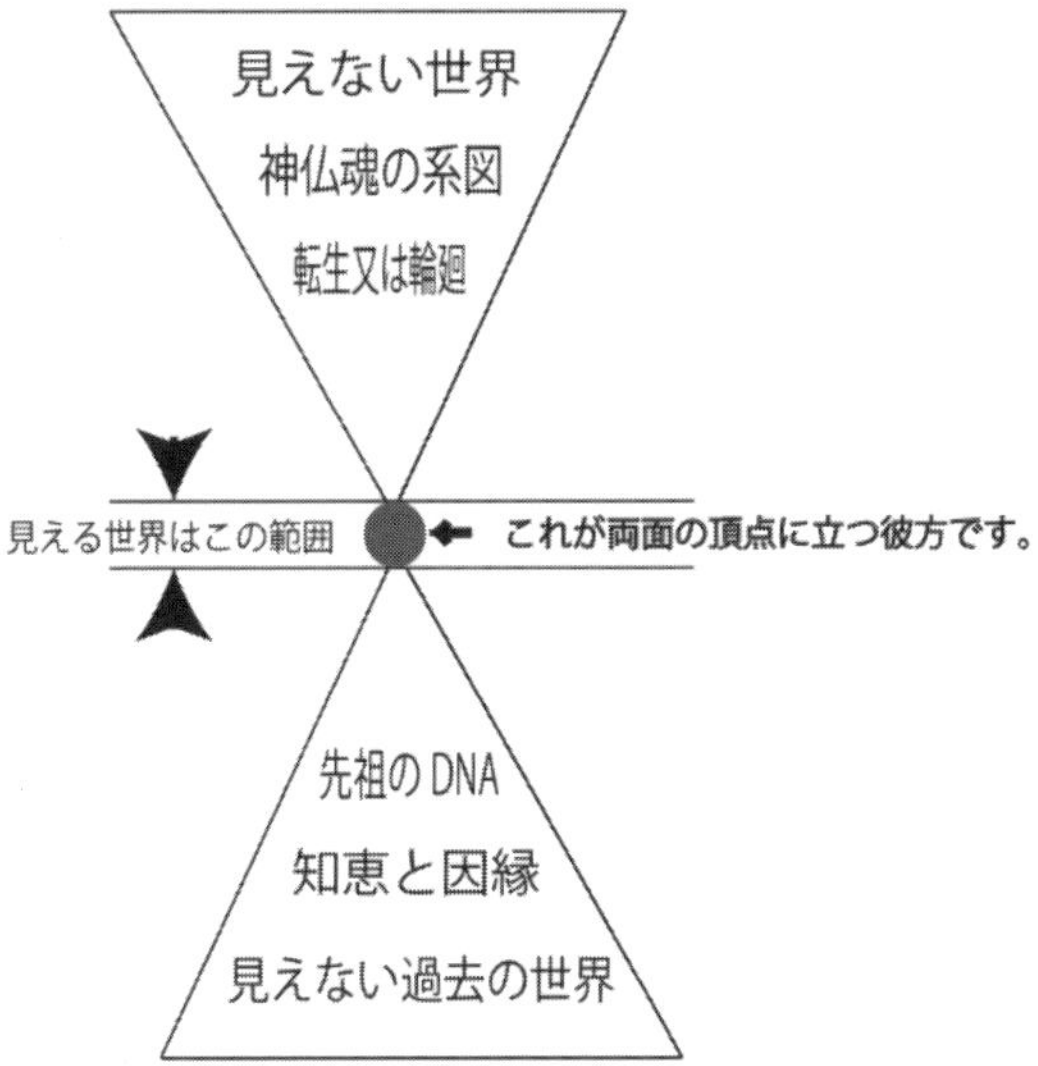

心に内在する神仏と魔

ここで1つ問題として湧いてくることがあります。

先祖から継いだDNAと、培ってきた価値観に基づいて、生み出されてくる考えや行動が、はたして本当に「善」であるかどうかという点です。自分にとって善であったとしても、周りにとっては悪かもしれません。

戦争は互いが自身を「善」と信じ、相手を「悪」と憎むから起きます。戦争だけでなく、日常にあるさまざまな考えや行動が、各人の視点や感覚を通すことで、まるで信号のように善にも悪にも切り替わります。

善を選んでいながら、一部に悪を含んでいるというケースも、世の中にはあります。

根本的に私たちは、善悪両性の人生を歩んでいくのです。

本質的な善悪など私たち人間には到底判別できません。

そこで意識しておきたいのが、人間の能力の範囲を超越した先にある、「神仏」や「魔」の世界です。

ＤＮＡの大元をたどっていけば、先祖のさらに先にある神の世界に通ずることは、これまでの話から想像できることだと思います。

結局のところ、彼ら神仏の介在によって、私たちは日々生き方を選んでいるのです。

私たちの行動１つひとつは、突き詰めれば神仏（善）と魔（悪）のせめぎ合いということになります。

大事なのは心の中です。

行動を起こす私たちが、それらを善と思ってやっているのか、はたまた悪と思ってやっているのか、これに懸かっています。

善から来る行動に出た場合は、神仏の介在が勝っていたことになります。

逆に悪の行動に出た場合は、魔の介在が優位だったことになります。

ここでさらにイメージしていただきたいのはサイクルです。

善悪の念は一瞬一瞬変化し、一念で神仏の保護下に入ることもあれば、一念で魔のほうへ転じることもあるわけです。

このような心の葛藤は、「陽のサイクル」と「陰のサイクル」の両面を行ったり来たりしている状態と呼べます。陽のサイクルは神仏の道へ通じ、陰のサイクルは魔の世界へ通じています。

善意を持った行動を多く実践できているなら、陽のサイクルの中にあり、覚えず悪の行動に出てしまったとしても、魔の率いる陰のサイクルへ落ちることはありません。

反対も同じで、たまに善意ある行動をとったとしても、普段悪ばかりの人は、ずっと陰のサイクルの中にいることになります。

陽のサイクルだけを考え実行しようとしても、肉体を持つ人間には到底不可能であることを覚えておきましょう。

そしてなるべくなら、陰のサイクルにいる期間が短くなるよう、善意主体で普段の生活を心がけるべきです。

私たちが何気なくしている行動すべてに善悪はあります。全体を見て、自身の行動が善と悪のどちらに偏っているかを見極めましょう。

善の行動と悪の行動を仕分けし、できるだけ善の行動を増やし、悪の行動を減らすよう努めてください。

●本項目のポイント

- 自分の行動に対して、善悪のどちらに感じているかが大事。
- 善が多ければ陽のサイクル、悪が多ければ陰のサイクルに属している。
- 善主体の行動を心がければ、常に陽のサイクルの中に居られる。

「反省懺悔」「自救救人」で陽のサイクルへ

サイクルの話をさらに深めていきましょう。

第1章の魂についての話と総合すれば、世の中の人々は生まれながらにして、先祖からのDNAに加え、前世に由来した性格気質霊格を有し、これらに人生を支配されていることになります。

生まれたときには、自分が陽と陰のどちらのサイクルにいるのかは前世の清算の度合いで決まっています。それを運命と片づけています。

それらを土台として紡がれていく人の一生というのは、運命という表現で括られることもあります。

運命とは天が定めたものと思っている人がほとんどですが、すべて自身の前世や家系がつくり上げたレールの上にあるものと理解してください。

「先祖のＤＮＡとか前世がどうのとか、自分の知らないところで決められてたまるか！」

とお怒りになる方もいるかもしれません。

しかし、自身は先祖の頂点に位置し、はるか昔より肉体を渡り歩いてきた魂を持って存在しているのです。

先祖のＤＮＡや前世の起こした事柄に対して、すべての責任を果たす義務が生じているのは当然のことなのです。

では極端な話、先祖や前世で悪行の限りを尽くしたがため、現世の自力では陰のサイクルから這い出ることができないような運命を握られた人は、陽のサイクルへ行くことは一生叶わないのでしょうか。

そんなことはありません。

「運命は変えることができる！」と断言できます。

善の念を高め、悪を減少させる方法は、「反省懺悔」を励行し、邪悪のゴミを排除することです。

反省懺悔を励行することで、高級な神仏たちのエネルギーが介在します。

高級神仏には陰から陽のサイクルへと転化させる特殊能力があり、堕落した者や死刑囚など、現世で悪行ばかりを重ね続けてきた人であっても、陽のサイクルに移動できるチャンスを得ることができます。

「凶悪な犯罪者でも、反省懺悔すれば陽のサイクルへ行けるの？」

と驚かれるかも知れません。

もちろん人間世界で犯した罪は現世のうちに償う必要はありますが、霊的世界では、反省懺悔によって、陰のサイクルを脱し地獄行きを免れるチャンスを与えられるのです。

しかし、これを逃せば、その魂は死後、地獄の世界で苦しむこととなるでしょうから、背水の陣に立たされていることに違いはありません。

反省懺悔は現世の悪行だけでなく、先祖から受け継いでいるＤＮＡの陰の部分を減少させる働きも持っています。

これら反省懺悔の作業は自身に対しての修道であり、終生変わることはありません。

具体的には、外部に対して何をするべきかを常に考え、周りのためになることを積極的に行うことが反省懺悔の作業となります。

自己の利益を追うものは対象外で、１００％のボランティア精神を持って、見返りを求めず無償の善意と愛で世に貢献する活動でなければいけません。

これは言い換えると、神仏が望む行動の集合であり、神仏の代行者として世に君臨している私たちの魂の霊格が高まるのは、当然のことなのです。

これら貢献によって自らの魂を浄化させる行動を「救人」と呼びます。自分の運命を変えるためのこれら方法は、すなわち「自分を救うために人を救う」とも言えるので、「自救救人」と名づけられています。

災害地に赴きボランティア活動、自然環境維持活動、世界平和祈祷への参加、義援金、寄付金、献金などが、自救救人に該当します。

メンタルケアやカウンセリングで心を浄化する作業も有効です。

探せば至るところに自救救人の陽的活動が存在します。

自分の労力を提供するか、頭脳的アイデアを提供するか、金銭など物質的に援助するか、その方法は、各自の得意分野で発揮すればよいのです。

本書の中核は反省懺悔といっても過言ではなく、あらゆる部分に関連し影響力を及ぼす部位で、反省懺悔は陰のサイクルからの脱出であり、前世の因縁の清算でもあり、子々孫々に対する汚染の除去にも関連するものです。

反省懺悔の基準は、第2章末の20文字中から選び、終生続けましょう。

朝晩の反省も、習慣的になると、随時心の浄化を図る行為となります。

心の浄化は、肉体的健康に直結し、精神的安定を強化させます。

魂（霊体）の強化にも関連し、神仏からの媒圧を得られます。

神格が高まると自動的に同等の魔を引き寄せ、それに打ち勝つ神媒の介在があります。

心の浄化、肉体的浄化、魂の浄化と進むと、生きて神仏の境地に進むこともでき、仙人の世界に入ることもできます。

日々常に反省懺悔を繰り返していると、反省懺悔をする項目が薄れ、反省する材料もなくなったように感じることもありますが、現在の自分を見直すだけではなく、現在に至るまでの年月の経緯を振り返り、１つひとつ思い起こしては心から反省し、その過ちを悔いて、その事柄に陳謝します。

次から次へと子供の頃にまで遡り、思い出しては反省し懺悔して心の奥底に残留している陰の部分を吐き出し、自分の魂に謝罪すると同時に、神仏へも謝罪し、陰の思いですら消し去り、心の浄化、精神の浄化を目指します。

反省懺悔の領域から更に高まると、頭脳で考えることすら反省懺悔の対象となるため、常に神仏の感性を意識し人生を送ることが要求されます。

本項目のポイント――

・反省懺悔の念を持ち、自救救人に勤しむことで、陰から陽のサイクルへ移動できる。
・自救救人とは、見返りを求めない無償の貢献活動のことである。
・自分の得意分野で貢献活動に打ち込むのがよい。

第４章　生と死を知る終活

魂に課す「進化への試練」

本章では、これまでの内容を踏まえて、「それでは、生きるとは何か、死ぬとはどういうことか」について改めて考え、真の終活の総まとめをしていきます。

人生にはさまざまな試練が用意されているものです。

試練とは、病気、被災、事故などの不幸現象です。

対象は自分だけにとどまらず、我が子であったり、両親であったり、事業であったり、さまざまです。予想もできないような障害に直面することもあります。その試練を克服し、生きていくのが人生です。

なぜ神仏はこのような試練を私たちに課すのでしょうか。

それは、魂を弛ませ退化させることなく、成長進化を続けることを要求しているからです。

「進化への試練」は、先祖や前世の行いに関係なく、人間すべてに訪れるものなのです。

人間は自分が一番可愛いというのが本来の性質です。

自己犠牲は最小限に抑えたい、そう考えるのが本音です。

その本音をどれだけ捨て去ることができるか、どれだけ犠牲的観念を持って、待ち受ける障害に立ち向かえるかが、神仏に試されています。

神仏は、達成できないほど困難なレベルの試練を与えはしません。

耐え忍んでいけば、いずれ打破する機会や方法が見出せるよう、各人に合わせたレベルに調整されています。

逆説的に言えば、神仏の生み出す試練は、克服できる能力を有する人に与えられるのです。

中には自己犠牲の極限にまで達しないと克服できない障害もありま

す。本当に生きるか死ぬかの瀬戸際で、ようやく好転の機会を与えられるのです。

それまでは耐えに耐え忍ぶ時間がありますが、我慢の末に切り抜けたとき、無我の境地を実感することができます。

苦しい障害を克服した人ほど、進化の過程は早く、大きな成長を遂げることができます。

魂が完成し神仏となって天界へと帰るまでに要する時間も、自ずと短くなっていることでしょう。

●本項目のポイント

・すべての人に進化への試練は用意されている。
・神仏は必ず乗り越えられる試練を人に与えられる。
・困難な試練ほど、乗り越えたときの進化度合いも大きくなる。

悪人に課す「修正への試練」

もう1つの試練、「修正への試練」についても触れておきましょう。

思考や行動に誤りがあったとき、正しい方へ修正しようとする神仏の働きかけがあります。

これを修正への試練と呼びます。

進化への試練は魂をさらに高度の領域へ昇華させる目的のものですが、修正への試練は正規の水準に戻すためのものであり、その試練現象は不治の病や、立ち直れないほどの不幸現象にまでエスカレートする場合もあります。

修正への試練は極度に陰のサイクルへ傾いている悪人に課せられます。

まさに「天罰」です。

誰でも心の中には純粋な自分がいます。

しかしそれだけでは生きていけませんから、知恵を絞り力を発揮して生活しています。

そしてその知恵や力はときに欲望を生み出し、欲を満たすため最低限守らなければならない道徳に違反し堕落の道を進んでしまうのが、悪人の始まりです。

しかし目覚めの機会が訪れます。

それが不幸現象です。

これほど直接的に問いかけられるものは存在しないでしょう。ここで気づけなかったら、修正への試練は失敗したことになります。

悪行を続けていてもすべてが悪人というわけではありません。

心の片隅には神霊が宿っていて、その神霊が悪行を阻止するために神仏を引き寄せ、不幸現象を介して修正に導いていくというわけです。

一般的に、宗教に導かれるのも、何かの悩みや不幸現象に直面して神仏に頼る機会を得るのも、修正への試練があってのことです。

これに気づいた人は、その時点から反省懺悔して改善の道へと進み、陽のサイクルへ入るチャンスを獲得できますが、気づきのない人や反発する人は、不幸現象から脱出することはほぼ不可能といっていいでしょう。

修正せず陰のサイクルのまま暮らせば、苦痛の不幸現象は子々孫々にまで影響を及ぼします。

他者から見て決して善いとは呼べないことをし続けている人に対し、「改心してもっと正しい行いを心がけなさい」と忠告しても、当人は受け入れることができないでしょう。

当人に望まれ相談を受けた上での忠告であれば別ですが、望まぬ人に言った場合は「余計なお世話だ」、「何か陰謀があるんだろう」と跳ね返されてしまうのが関の山です。

だからこそ、修正への試練には大きな意義があります。

修正への試練とは、高級神仏が彼らに気づかせるため、与えられる苦難や苦痛なのです。

課せられた人は、謙虚にとらえ、素直に受け入れ乗り越えていくことが肝心です。

●本項目のポイント

・陰のサイクルにいる悪人には修正への試練が課せられる。
・修正への試練は大きな苦痛をともなうが、乗り越えれば陽のサイクルへ入ることができる。
・ついてないとか不運だとか失敗が連続した場合に気づくことが大切。

天命を悟る「救人救劫」

さらにもう1つ、一部の人だけが到達する極上の試練、「救人救劫（きゅうじんきゅうごう）」についても説明しましょう。

これは図らずも降りかかってくる進化や修正への試練とは異なり、自ら望んで挑戦する試練です。

「自分の運命を変える方法は自救救人である」と前章で話しましたが、この自救救人の行動を継続させると、これら貢献活動や祈祷こそが「自身の使命である」と悟る時期が到来します。

使命は天命とも言い換えることができます。

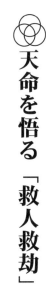

神仏より与えられた、現世で全うすべき任務なのです。

この段階にまで達したとき、自分を救うためであった救人の行為がレベルアップし、重大な任務に自らのぞみ挑戦する段階へと突入します。

これを救人救劫と呼び、極上の試練を乗り越えていくことになります。

神仏は、無欲の境地から発する救人救劫の任務を課すことで、生きながらにして神仏と同様の感性に達することを求めています。

各人各様それぞれの能力に応じた試練を与え、人を超越した領域での成長を促し、より多くの人を助ける方法を授けます。

生ける多くの人々の心が堕落し、悪に紐づいた「業」を重ねていくと、膨大な陰のエネルギーが世の中に満ちていくことになります。

膨張したたいへん大きな陰のサイクルの中で、地球と人々が時を刻んでいる状態です。

救人救劫の「劫（ごう）」とは、この膨大な陰のエネルギーを清算するために起こる地水火風の災害あるいは戦争のことです。

これら劫の時期を延期させ、人々から不幸を遠ざける祈祷こそが、救人救劫の行為になります。

まさしく天命なのです。

これらの活動に従事している使者（私が入門している天帝教では同奮と呼びます）の多くは、定められた自分の運命から脱出し、これら天命を得て、人々の幸せのため自ら極上の試練に望み奮闘しています。

神仏は、堕落の蓄積から派生する不幸現象や大災害から救うべき使者をこの世界へ送り込んでいます。

前述のとおり救人救劫は、自救救人を重ね、あるときを境に使命を自覚し悟ることで始まりますから、自身の力によるステップアップは不可避です。

これが1つの課題を招いています。

生まれ育つ環境や肉体の持つＤＮＡによって、使命感を忘れ迷いの中でもがいている使徒も多くなっているのです。

彼らは救人救劫を行う手前の段階にいます。

たとえば、テレビ番組や雑誌などで登場する霊能力者は、使命を背負って人間界に降臨している使者の1人であり、自らがすべき真の使命に気づけていない状況と考えられます。

陰のサイクルに偏ると、売名行為に勤しみ、金儲けに没頭してしまい、本来あるべき自分の姿を見失います。

結果、神仏から能力を与えられ世に誕生したにもかかわらず、不幸の渦の中で人生を送ってしまう人もいるのが事実です。

●本項目のポイント

- 救人救劫とは、自救救人を重ねた先で神仏より与えられる極上の使命。
- 救人救劫によって、人類に降りかかる不幸現象や災害を鎮めることができる。

天界が救人救劫を急ぐ理由

21世紀の現代は、自然の摂理や道徳に従った生き方に違反する者が多くなっているため、救人救劫の使命を持って生きる者がたくさん必要となっています。

そこで天界はこれまで以上に多くの使者を人間界に送り込んでいます。

今地球は大きな危機に瀕しています。

大きな不幸現象や災害の可能性を、至る場所ではらんでいるのです。

この危機から逃れる唯一の方法は、多くの人に救人救劫に励んでもらい、魂を完成させ、少しでも早く天界に戻すことなのです。

魂が完成することで、魂は神仏となり天界へ帰っていくことは、第1

章でも触れたことですね。

現世における救人救劫と、天界における神仏たちの行いによって、地球の破滅は防がれるということになります。

地球が継続すれば、輪廻を繰り返すことで魂は天界に戻れるチャンスを与えられますが、今は時間がありません。

地球が破滅という最悪の結果を招けば、輪廻の機会も当然失われ、帰り道を失った魂は永遠に宇宙をさまようことになってしまうのですから、事態は急を要しています。

劫とは、元はといえば人間の想念が引き起こした因果応報ではありますが、人々が今までの過ちに気づき道徳的観念を見出し実行すれば、堕落の世界から脱することは明白です。

これから先、地球にはさらに多くの災害災難が発生しますが、その原因は人間の想念の低さを気づかせるための現象であり、道徳的観念を訂正させるための神の戒めであると理解しましょう。

救人救劫は道徳によって人心を修正し、救われる人々が多くなることで劫からも逃れることができます。

終活からやや逸れ大局の話になりましたが、これら試練や救人救劫のことを踏まえておけば、よりこれからの人生を正しく迷わず歩んでいけるはずです。

地球の、そして後世に生きる人たちの安泰のため、あなたにできる救の行為に励んでください。

●本項目のポイント

・地球の危機を救うため、救人救劫に励む人が必要となっている。
・天界の神仏は、救人の活動に打ち込む人が増えることを望まれている。
・地球温暖化は地水火風の災害を更に拡大させるので注意。

神様はなんでも知っている

いよいよ本書も総まとめの段階となります。

ここまでの話を総括しながら今一度、生と死について考え、終活の核心に迫りましょう。

生を受けて、自然に回帰する（つまり死ぬ）までの間、何を成して、何を残して、何を持って天界へ移動すればいいのか。

それを知ることが真なる終活です。

魂や輪廻の話に始まり、長生きの秘訣に触れ、ＤＮＡや試練について話してきましたが、結局のところやるべきは世のため人のための貢献活動に集約されます。

その敬虔な行いが自らを天国へと至らしめ、子孫繁栄にもつながり、さらには人類や地球の平穏を保つ唯一の術になっています。

一般的な通念としては、この世だけが存在するだけで、死後には何もなく、すべてが存在しなくなると考えられています。

しかしそうではないことは事実であります。

とはいえ、証明する手立てがないことも事実です。

本書を通して、明快な証明とまではいかないまでも、理解いただき感じていただけるだけの事実と理念を話してきましたが、正しくあなたへ伝わっているでしょうか。

さて、終活の本当のあり方過ごし方を知ってもなお、私たちは死への恐怖からは抜け出せないものです。

60歳に差し掛かると、体調の変化や老齢化をありありと感じ、死の恐怖を持ち始めることは避けられません。

自然律からいえば、死の恐怖は自分勝手な感情であって、不自然なことても何でもなく、必然の出来事です。

逃れられない死への恐怖から、「善も悪もすべては生きているときだけのこと」と思い、好き勝手な生き方に偏りがちなのが現代の人生観です。

これでは天界に向かうことなど到底できず、最悪の場合、陰のサイクルから脱せず、地獄行きにもなってしまいます。

しかし死は終わりと同等ではありません。

次の生へのつながりにあたります。

もともと天界から来た身であり、また天界へと帰るために生死を繰り返している身であることを自覚しなければ、世界全体が陰のサイクルへと落ちていってしまうでしょう。

できることなら各々、何の使命を抱きこの世に送られてきたのかを研鑽し、悔いを残さない人生を構築していただきたいものです。

魂と神様、この2つの存在を常に信じましょう。

ここまで読んだあなたなら「神様なんていない」という意見は持ち合わせていないはずです。

神様はなんでも知っています。

あなたが現世で何をしてきたかを知っていますし、ＤＮＡでどのような運命を受け継いできたかを知っていますし、そもそもあなたの魂がどういった使命を背負って人間界へ降りてきたのかを知っています。

神様は今もあなたのすぐそばで、あなたを見守り続けています。

人は必ず死に、肉体を抜け魂だけとなり、死後の世界を別次元で過ごすことになりますが、死んでからでは生き方を修正することはできません。

今あなたがどのように生きていくかで、死んだ後のことがすべて決まります。

１つひとつのあなたの活動が、神様によって記録されていることを意識しておきましょう。

極論になりますが、神様の存在を確認できたとき、悟りの世界への第一歩を踏み出したことになります。

最終的な悟りとは、天界に戻る道を発見し、開拓して自覚を得ることなのです。

そこに至るまでに人生の試練を経験し、悩み苦しみ、自分とは何かを探求し、答えの出ない問題を紐解きつなぎあわせ、長い時間をかけて、最終的に神仏の世界を意識するに至ります。

この世にはたくさん神仏がいます。

ぜひ探してみてください。

探すといっても神社仏閣に足繁く通えば見つかることでもありません。

大事なのは、神様と同様に存在を強く信じるべき、魂にあります。

あなた自身の魂の声を聴きだしてください。

あなたの中にある魂は、天界にいたころから魂です。

魂だけが答えを知っています。

これは言葉で説明できることではありませんし、今すぐわかることではないでしょう。

しかしいつかわかる日が来るはずです。

ですから、魂の存在を感じ、声を聴く挑戦はこれからも続けていってください。

●本項目のポイント

・魂と神様の存在は常に意識しよう。

・本書に記録したさまざまな実践や挑戦を、適度に読み返し自分の中へ落とし込んで、終活に反映していこう。

祈りの例

世のため人のための貢献活動にはいろいろあり、本書でもいくつか紹介してきましたが、最も身近でなおかつ誰でも行えるのが祈祷です。

ここでは私が入門している天帝教での祈りを数例紹介します。

自救救人や世界の平穏のために貢献したいと感じていても、何をすればいいか見えてこないとき、これらの祈りの例を参考にして、まずは祈祷から始めてみてください。

そして何より大事なことは、祈りの仕方や内容云々よりも、祈りを捧げたいというあなたの心の中身であることは、忘れないでいてください。

・人々が私欲を除き、天理に従い、道を修め、徳を積み、天運の回転を願い、人類の浩劫（こうごう）を化滅することができますように（「浩劫を化減する」とは「大きな災難を減らす」の意)。

・核戦争による劫難（ごうなん）を化延し、天下蒼生を救い、大地回春ができますように（「劫難を化延」とは「災害を先送りにする」の意)。

・この世の人々をお守りくださり、心が安からにますます栄え、富が等しく与えられ、異変が起こりませんように。

・自由平等、博愛の光が世にあまねく照り渡り、この世の幸せが永久（とこしえ）に続きますように。

・人類が互いに助け合い、民族間の妬み恨みが除かれますように。

・大宇宙の秩序を保ち、再び戦略戦争が起こることがありませんように。

一般的宗教では家内安全や交通安全、商売繁盛といった個々人の幸せを願う祈りがありますが、天帝教にはそういった類の祈りはありません。

個人の生死に関わるような特別な願いについては、祭壇で嘆願書を読み上げ申告し、後に神仏からのメッセージを聖訓によって知らされます。

祈りの継続によって天界の道がひらけたなら、安心してこの世で長生きしましょう。

心からの祈りには念力が働きます。念力とはエネルギーであり、神仏に届きます。

しかし、私利（利欲）が絡んだ場合にはそのエネルギーは半減してしまいます。私欲を求めず、純粋な心から発するためにエネルギーは倍増します。超能力的な番組の多いときに、超能力者と言われた人が番組内で恥を晒す結果となった件です。

この失敗の理由は、超能力を自慢する意識が強いためにエネルギーを取り出すことができなかった結果です。大人になればなるほど利欲が高まり、能力は消滅します。

祈りの原点は親が子どもに与える愛から始まり、その純粋な愛の中に祈りのエネルギーの本質が隠されています。

その愛とは無償の愛で、自我を外した神仏が求める愛であるため、求める祈りに神仏が介在し、巨大なエネルギーに拡大されます。その内容の中には利欲がないことが条件です。

自己の福徳は、多くの人たちの平和を祈る行為を、神仏が見逃すはずはありませんから、自動的に功徳として与えられます。

ですから、無欲になり純粋な意識（神仏の代行的意識）を持ち、万人に接することが大切なのです。

各宗教・宗派は多くありますが、祈りの原点は、すべて愛から発していますから、心の底から発する純粋な祈りを心がけましょう。

●本項目のポイント

・祈りを捧げることで天界への道はひらける。
・個人の祈りではなく、世界全体を救う祈りを捧げよう。

おわりに

人生の終わりが見えてきたときの過ごし方、いわゆる終活について、他の本にはないような新しい提案をして参りました。

解釈による心理的変化はさまざまと思いますが、多くの方の人生において少しでも参考になれば幸いです。

終わりにあたり、大切なことを述べておきます。

人生は苦楽や幸不幸いろいろありますが、そのすべてに理由があり、無駄となることは一切ありません。

周りからは裕福な人生を送っているように見えても、生き方に間違いがあり道徳的行為に反していたら、死後の魂は地獄に送られ、救われないままさまよい続けることになります。

この世で何らかの罪を犯し、たとえ完全犯罪で罰から逃げ切れたとしても、神仏の目をごまかすことは叶いません。

生きているときに受ける制裁よりも、何十倍もの苦痛の世界に閉じ込められてしまいます。

また、何らかの災難や事故に巻き込まれ、被害に遭われた方やそのご家族の方は、悲しみを拭い去れないまま生きていくことになります。

しかし、そこに恨み憎しみの感情を持ち合わせていると、自ら不幸を引き寄せてしまうことになります。

辛いことと思いますが、恨み憎しみの感情は捨て、罪と裁きは神仏に頼み、なるべくプラスの感情を持って残りの人生を送ってください。

若くして不慮の事故や不治の病で亡くなったとしても、魂は天国へ招かれ楽しく暮らしています。

痛むことも悩むことも苦労することも、肉体を持って生きているときの一齣とし、のこされた人は心穏やかに人生を充実させる意識を持ってください。

重複しますが、大切なことなので何度も申し上げたく思います。

苦しみ、悲しみ、恨みや復讐心といったマイナスの念は、何があっても捨て去りましょう。

心に汚点となる負の気を打ち消し、悟りの世界を模索しながら、余生を送ってください。

悟りという名の奥深い教えは、感じる個々人の感覚内の出来事なので、計り知れない精神の世界に存在します。

自分という人間を分析して、天国にふさわしくない邪悪な思考を1つひとつ脱ぎ捨て、人間卒業のときには憂いのない、純粋で自信に満ちた魂でありましょう。

必ず神仏にあたたかく迎えられるよう、奮闘しお暮らしください。

これぞ終活です。

私たち天帝教の奮闘についてのお知らせ

入門は随時対応しています。

入門と同時に自身を保護する看護童子１名が派遣され、三界十方の天札に記されます。

その後に静坐班の研修時に、救世の使者としての特殊能力「秘伝の座禅・天医と共同の気功能力」の伝授を行います。

人を救い世を救うには、まず自分が救われることから始まります。

天門開口と同時に各種の伝授があります。

この能力の伝授があって他人の病やメンタルケアに役立つ「気功能力」が伝授されます。

次に、あなたの魂がどこの天界から降りて来たかを調査し、その原霊と接続し、合体させます。

その時点で魂が地球に何回降臨し転世したかも調査します。

その調査によりこの世に存在する意義と使命を自覚し、天命の責務を創造していきます。

あらゆる能力の伝授は、全て天界の神仏との共同作業となり、真実の世界であって一切の個人的欲得は無視されます。

この能力を伝授されても利欲に使用した場合は制裁を受けます。

一切が無償で、ボランティア活動や救援活動に活用されます。

さらに深く研究されたい方へ

天帝教ホームページ
http://tenteikyo.com

ご意見、ご希望などございましたらメールにお願いいたします。
info@tenteikyo.com

著者略歴

古舘　忠夫（こだて　ただお）

青森県八戸生まれ、1940 年３月東海大学付属電波校卒、トモエ電気創業。株式会社城西設立。

ジョイボンド株式会社に社名変更。中古車商品化システムを開発し、全国のディーラー及び中古車販売店に技術及び資材を提供。

自動車業界専門紙に「売れるお店の心理学」を掲載。

自動車の磨きや洗車のプロ集団、日本カーディティリング協会を設立。塗装面上に付着する鉄粉や汚染物質の除去剤を発明し世界各国の自動車業界で使用されている。

NHK のドキュメント番組で中国の気功が放送され、切開手術を受けている患者と医師が話をしているのである。片方では気功で麻酔をしているとのこと。信じられないことから興味を持ち気功・座禅・霊体医学・神仏界を追求することになる。

日本国教区　宗教法人天帝教　理事長

長く楽しく生きるための終活

2019 年 11 月 14 日発行

著　者　古舘　忠夫　© Tadao Kodate

発行人　森　　忠順

発行所　株式会社 セルバ出版
〒 113-0034
東京都文京区湯島 1 丁目 12 番 6 号 高関ビル 5 B
☎ 03（5812）1178　　FAX 03（5812）1188
http://www.seluba.co.jp/

発　売　株式会社 創英社／三省堂書店
〒 101-0051
東京都千代田区神田神保町 1 丁目 1 番地
☎ 03（3291）2295　　FAX 03（3292）7687

印刷・製本　モリモト印刷株式会社

Printed in JAPAN
ISBN978-4-86367-536-0